团 体 标 准

公路水泥混凝土路面碎石化技术指南

Technical Guideline for Rubblization of Highway Cement Concrete Pavement

T/CHTS 10027—2020

主编单位：苏交科集团股份有限公司
发布单位：中国公路学会
实施日期：2020 年 11 月 01 日

人民交通出版社股份有限公司
北京

图书在版编目(CIP)数据

公路水泥混凝土路面碎石化技术指南：T/CHTS 10027—2020 / 苏交科集团股份有限公司主编. —北京：人民交通出版社股份有限公司，2020.10
ISBN 978-7-114-16860-4

Ⅰ.①公… Ⅱ.①苏… Ⅲ.①水泥混凝土路面—道路施工—中国—指南 Ⅳ.①U416.216.04-62

中国版本图书馆CIP数据核字(2020)第184936号

标准类型：团体标准

Gonglu Shuini Hunningtu Lumian Suishihua Jishu Zhinan

标准名称：**公路水泥混凝土路面碎石化技术指南**
标准编号：T/CHTS 10027—2020
主编单位：苏交科集团股份有限公司
责任编辑：郭红蕊　韩亚楠
责任校对：孙国靖　扈　婕
责任印制：刘高彤
出版发行：人民交通出版社股份有限公司
地　　址：(100011)北京市朝阳区安定门外外馆斜街3号
网　　址：http://www.ccpcl.com.cn
销售电话：(010)59757973
总 经 销：人民交通出版社股份有限公司发行部
经　　销：各地新华书店
印　　刷：北京市密东印刷有限公司
开　　本：880×1230　1/16
印　　张：2
字　　数：54千
版　　次：2020年10月　第1版
印　　次：2020年10月　第1次印刷
书　　号：ISBN 978-7-114-16860-4
定　　价：200.00元

(有印刷、装订质量问题的图书由本公司负责调换)

中国公路学会文件

公学字〔2020〕73 号

中国公路学会关于发布
《公路水泥混凝土路面碎石化技术指南》的公告

现发布中国公路学会标准《公路水泥混凝土路面碎石化技术指南》(T/CHTS 10027—2020),自 2020 年 11 月 1 日起实施。

《公路水泥混凝土路面碎石化技术指南》(T/CHTS 10027—2020)的版权和解释权归中国公路学会所有,并委托主编单位苏交科集团股份有限公司负责日常解释和管理工作。

中国公路学会

2020 年 10 月 23 日

T/CHTS 10027—2020

前　言

为提高路面质量,更好地促进公路水泥混凝土路面碎石化技术的推广应用,在充分总结"旧水泥混凝土路面碎石化工艺成套技术研究"课题成果并结合各地方标准及大量工程实践经验的基础上,制定本指南。

本指南按照《中国公路学会标准编写规则》(T/CHTS 10001)编写,共分为5章,主要内容包括:总则、术语、调查与评价、施工、施工质量控制。

本指南实施过程中,请将发现的问题和意见、建议反馈至苏交科集团股份有限公司(地址:江苏省南京市江宁区诚信大道2200号;联系电话:13605192285;电子邮箱:zzy@jsti.com),供修订时参考。

本指南由苏交科集团股份有限公司提出,受中国公路学会委托,由苏交科集团股份有限公司负责具体解释工作。

主编单位:苏交科集团股份有限公司

参编单位:江苏省盐城市公路管理处、中铁工程机械研究设计院、海南省路桥投资建设有限公司、上海万广建设发展有限公司、嘉盛建设集团有限公司、湖南中嘉通道路工程有限公司

主要起草人:陈志翔、曾辉、张中云、唐海峰、杨扬、李豪、韦武举、皇甫甦、李文豪、周海生、杨东发、胡安、苏文浩、丁武洋、高壮元

主要审查人:周海涛、李华、薛忠军、付智、金志强、冯德成、黄晓明、曾赟、黄颂昌、李农

目　次

1 总则 ·· 1
2 术语 ·· 2
3 调查与评价 ·· 3
　3.1 一般规定 ··· 3
　3.2 资料收集与路况调查 ·· 3
　3.3 碎石化适宜性评价 ··· 3
4 施工 ·· 5
　4.1 一般规定 ··· 5
　4.2 施工准备 ··· 5
　4.3 试验段 ·· 5
　4.4 碎石化作业 ··· 6
　4.5 封层施工 ··· 6
5 施工质量控制 ··· 8
附录A　水泥混凝土路面碎石化表面凹陷深度测试方法 ··· 9
附录B　水泥混凝土路面碎石化粒径测试方法 ·· 10
用词说明 ·· 11
条文说明 ·· 13

公路水泥混凝土路面碎石化技术指南

1 总则

1.0.1 为指导公路水泥混凝土路面碎石化施工,提高其技术水平,降低对环境的影响,制定本指南。

1.0.2 本指南适用于各等级公路普通水泥混凝土路面的碎石化工程。

1.0.3 碎石化技术的应用,除应符合本指南的规定外,尚应符合有关法律、法规及国家、行业现行有关标准的规定。

2 术语

2.0.1 碎石化 rubbilization

采用专用设备将水泥混凝土路面就地破碎成具有一定尺寸的颗粒嵌挤体。

2.0.2 多锤头碎石化 multi-head breaker rubbilization

采用多锤头破碎机将水泥混凝土路面就地破碎的工艺。

2.0.3 共振碎石化 resonant breaker rubbilization

采用共振破碎机将水泥混凝土路面就地破碎的工艺。

2.0.4 释放槽 relief trenches

为释放破碎应力,在施工路段内对水泥混凝土路面切割开挖的一定深度的槽。

2.0.5 隔振沟 isolation trenches

为了减少破碎振动对建(构)筑物的影响,在公路两侧或结构物端部开挖的一定深度及宽度的沟槽。

3 调查与评价

3.1 一般规定

3.1.1 为确定碎石化技术方案，应对原水泥混凝土路面状况进行专项调查。

3.1.2 调查与评价应按现行《公路技术状况评定标准》(JTG 5210)和《公路水泥混凝土路面养护技术规范》(JTJ 073.1)的相关规定执行。

3.2 资料收集与路况调查

3.2.1 资料收集宜包括下列内容：
1. 设计文件、施工资料、竣工资料。
2. 沿线路侧挡墙、桥梁、涵洞及地下管线等构造物的位置桩号、结构尺寸。
3. 历史交通量、交通组成及轴载。
4. 气象、水文、地质等相关资料。
5. 养护资料。

3.2.2 路况调查分析应包括下列内容：
1. 调查路面破损状况，计算路面损坏状况指数 PCI 和断板率 DBL。
2. 核查路侧挡墙、桥梁、涵洞及地下管线等沿线构造物。
3. 按现行《公路路基路面现场测试规程》(JTG 3450)测定路基顶面加州承载比 CBR 值，每公里每车道不少于 1 个测点。
4. 按现行《公路工程水泥及水泥混凝土试验规程》(JTG E30)钻芯实测水泥混凝土路面的厚度及劈裂强度，每公里取样个数不少于 3 个。

3.3 碎石化适宜性评价

3.3.1 当水泥混凝土路面破损状况满足表 3.3.1-1 条件之一，且路基顶面 CBR 满足表 3.3.1-2 时，可采用碎石化技术。

表 3.3.1-1 适用碎石化的路面破损状况标准

评价等级	路面损坏状况指数 PCI	断板率 DBL(%)
次	≥60，<70	11～20
差	<60	>20

表 3.3.1-2 路基顶面 CBR 值要求

评价指标	公路等级		
	高速公路、一级公路	二级公路	三、四级公路
CBR 值(%)，不小于	8	6	5

3.3.2 周边环境及安全性评价应符合下列要求：

1 临近噪声敏感区域时,其限值应符合现行《建筑施工场界环境噪声排放标准》(GB 12523)的相关规定。

2 路面下埋设有燃气管、给水管等压力管线或军用管线时,不应采用碎石化技术。

3 对于路面下埋设有非压力一般公用管线或地下的构造物,当其埋深小于1m时,不宜采用多锤头碎石化技术;当其埋深小于0.8m时,不宜采用共振碎石化技术。

4 碎石化作业点与构造物或建筑物最小水平距离应满足表3.3.2的要求。

表3.3.2 作业点距构造物或建筑物最小水平距离

构造物或建筑物类型		多锤头碎石化技术(m)	共振碎石化技术(m)
桥梁、涵洞		1.5	1.5
挡土墙	有隔振沟	—	—
	无隔振沟	0.5	0.5
建筑物	有隔振沟	5	—
	无隔振沟	8	6

注:1. 与桥梁的距离为作业面到桥头搭板之间的距离。
   2. —表示无相关数据资料。
   3. 当公路沿线或两侧有对施工振动特别敏感的构造物或设备时,安全距离应参照表3.3.2与相关部门协商确定。

4 施工

4.1 一般规定

4.1.1 施工前应熟悉工程特点和设计要求。

4.1.2 应按照现行《公路养护安全作业规程》(JTG H30)的要求进行施工现场交通管控,确保施工安全。

4.1.3 应采取合理安排作业时间等措施,减少噪声、振动、扬尘等影响。

4.2 施工准备

4.2.1 施工前应做好如下工作:
1. 制定翔实的施工及交通组织方案。
2. 对多锤头破碎机或共振破碎机进行调试校核。
3. 清除水泥混凝土路面上的沥青类修补材料。
4. 检查原有排水系统,必要时增设临时排水设施。
5. 核实沿线上跨构造物、房屋、桥梁、涵洞、地下管线和边沟等构造物的位置,并区分标注。
6. 在结构物、管线等周围设置围栏及警示标志;在高路堤路段边缘1.5m处设置警示标志;夜间施工应配备符合作业要求的照明设备。

4.2.2 采用共振作业并符合下列情况之一时,宜设置应力释放槽:
1. 水泥混凝土路面单向三车道及以上,由内向外破碎。
2. 无中央分隔带,公路两侧无膨胀伸缩空间。
3. 碎石化施工路段与非碎石化路段连接处。
4. 碎石化路段与桥梁、涵洞、隧道等构造物连接处。

4.2.3 应力释放槽宽度应不小于10cm,深度应贯穿整个水泥混凝土路面面层厚度,但对本指南第4.2.2条第3款和第4款的情况,其深度应贯穿基层。

4.2.4 隔振沟的开挖深度应不小于0.8m,宽度应不小于0.4m,其回填材料可采用碎石等粒料。

4.3 试验段

4.3.1 结合水泥混凝土劈裂强度等因素初拟破碎工艺。

4.3.2 选取有代表性的路段作为试验段,长度不宜小于200m,并通过其验证以下参数:
1. 多锤头破碎机落锤高度和间距或共振破碎机振动频率和振幅。
2. 破碎机行进速度。
3. 压路机组合及碾压遍数。
4. 封层沥青、集料的种类与用量。
5. 沥青封层成型后的顶面当量回弹模量。

4.3.3 实测再生层顶面当量回弹模量值,并按照现行《公路水泥混凝土路面再生利用技术细则》

(JTG/T F31)中式(4.4.9-1)和式(4.4.9-2)计算再生层顶面当量回弹模量代表值,其值与设计推荐回弹模量值的差超出20MPa时,宜重新进行加铺层结构设计。

4.3.4 整理分析试验段数据,并根据破碎粒径及分布、顶面当量回弹模量要求确定施工工艺,编制总结报告,完善施工组织设计。

4.4 碎石化作业

4.4.1 碎石化作业中应及时洒水控制扬尘。

4.4.2 按照试验路段确定的相关施工参数进行碎石化作业,并应符合下列要求:
1 按照先两侧再中间的顺序进行破碎。
2 多锤头破碎硬路肩、构造物附近路段宜降低锤头高度,减慢行进速度等。
3 对于路面边缘有附属设施、挡墙以及高路堤路段,其混凝土板块边缘50cm～80cm范围,宜采用风镐等方式破碎。
4 对于水泥板厚大于28cm或弯拉强度大于6.5MPa的路段,当采用多锤头破碎机作业时,宜提高锤头高度,减慢行进速度;当采用共振破碎机作业时,宜提高振动频率或进行预裂处理。
5 粒径尺寸大于20cm的表面碎块应重新破碎或清除。

4.4.3 碎石化后应清除外露填缝料、胀缝材料等,并切除外露钢筋。

4.4.4 碾压应符合下列要求:
1 一般宜从外侧向中心碾压,超高路段应由低向高处碾压。
2 按表4.4.4选择压路机类型及参数。

表4.4.4 压路机类型及参数

碎石化方式	初 压				终 压			
	压路机类型	压路机吨位(t)	碾压遍数(遍)	碾压速度(km/h)	压路机类型	压路机吨位(t)	碾压遍数(遍)	碾压速度(km/h)
多锤头碎石化	Z型单钢轮振动压路机	≥12	2~4(振动)	1.5~2	钢轮压路机	≥12	2~4(静压)	2~2.5
共振碎石化	钢轮压路机	≥12	2~4(振动)	1.5~2	钢轮压路机	≥12	2~4(静压)	2~2.5

3 碾压重叠宽度宜为10cm～20cm。
4 对特殊或碾压不到的部位,宜采用小型振动压路机碾压。
5 可适当洒水,提高碾压效果。

4.4.5 对于碾压过程中下陷大于2cm的局部区域,可采用级配碎石、沥青稳定碎石等材料调平。

4.4.6 降雨后,应保持施工路段排水系统通畅,并待碎石化层水分疏干后,方可进行封层施工。

4.5 封层施工

4.5.1 碎石化后直接加铺沥青混凝土时,宜设置乳化沥青封层;采用加铺无机结合料基层时,可不设置乳化沥青封层。

4.5.2 封层宜采用慢裂型PC-2乳化沥青,其质量应符合现行《公路沥青路面施工技术规范》(JTG F40),用量宜为$2.0kg/m^2$~$3.5kg/m^2$。

4.5.3 乳化沥青洒布后,宜均匀撒布3mm~5mm集料,其用量宜为$10kg/m^2$~$15kg/m^2$,并采用钢轮压路机碾压1遍~2遍。

4.5.4 封层完成后,施工车辆不得在其上掉头、紧急制动。

5 施工质量控制

5.0.1 碎石化层碾压后,表面不应有钢筋外露、沥青接缝料、沥青补块等存在;碎石化表面凹陷深度不应超过2cm,表面凹陷深度测试方法按本指南附录A进行。

5.0.2 多锤头碎石化施工质量应符合表5.0.2的要求。

表5.0.2 多锤头碎石化施工质量要求

检查内容	标准(cm)	合格率(%)	检查方法	检查频率
顶面最大粒径	≤7.5	75	挖坑,开挖尺寸 100cm×100cm×混凝土板厚,直尺测量,按本指南附录B方法检验	试验段50m检查1处,正常施工路段每车道每公里不宜少于2处
下部最大粒径	≤37.5			

5.0.3 共振碎石化施工质量应符合表5.0.3的要求。

表5.0.3 共振碎石化施工质量要求

检查内容	标准	合格率(%)	检查方法	检查频率
顶面最大粒径	≤5cm	75	挖坑,开挖尺寸 100cm×100cm×混凝土板厚,直尺测量,按本指南附录B方法检验	试验段50m检查1处,正常施工路段每车道每公里不宜少于2处
下部最大粒径	≤31.5cm			
下部破碎程度	裂缝贯穿	100	试坑检测,钻取直径150mm芯样观察裂纹是否贯穿	

5.0.4 沥青封层成型后按照现行《公路路基路面现场测试规程》(JTG 3450)中 T 0943 测试方法检测顶面当量回弹模量值,测点数量每公里不宜少于3个,并计算其代表值。代表值应满足试验段顶面当量回弹模量代表值的要求;不满足要求时,应采取调整施工参数等措施。

附录 A 水泥混凝土路面碎石化表面凹陷深度测试方法

A.0.1 适用范围。

本方法适用于测试碎石化表面凹陷深度。本方法参考《公路路基路面现场测试规程》(JTG 3450—2019)中 T 0973 沥青路面车辙测试方法制定。

A.0.2 仪器与材料技术要求。

1 基准尺：金属制，长度不小于一个车道宽度，最大弯曲不超过 1mm，表面平直。
2 量尺。
  1) 钢直尺：量程不小于 300mm，分度值为 1mm。
  2) 塞尺：分度值不大于 0.5mm。

A.0.3 方法与步骤。

1 准备工作。

确定测试路段，按《公路路基路面现场测试规程》(JTG 3450—2019)中 T 0902 规定的方法选取测试断面，并做好标记。

2 测试步骤。
  1) 选择需测试凹陷的断面，将基准尺置于该测试断面上，方向与道路中心线垂直。
  2) 直接将基准尺置于断面凹陷两端最高位置，目测确定断面最大凹陷位置，用量尺取基准尺底面与路面之间的高差，准确至 1mm，记录凹陷深度。
  3) 记录测试断面的桩号、位置及断面处凹陷深度。如图 A.0.3 所示。R_{u1} 及 R_{u2} 为车辙深度。

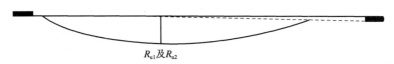

图 A.0.3 测试断面凹陷深度示意图

3 数据处理。

计算测试路段各测试断面凹陷深度的平均值作为该测试路段的平均凹陷深度。

附录 B 水泥混凝土路面碎石化粒径测试方法

B.0.1 目的及适用范围。

本方法适用于测试碎石化后粒径大小,以评价碎石化破碎程度,是控制加铺层结构不出现早期反射裂缝及保留旧路面板残留强度的关键参数。

B.0.2 仪器与材料技术要求。

1 钢直尺:量程不小于300mm,分度值为1mm。

2 天平:感量不大于1g。

3 挖坑用镐、铲、凿子、小铲、毛刷。

4 其他:搪瓷盘。

B.0.3 方法与步骤。

1 根据现行《公路路基路面现场测试规程》(JTG 3450)相关要求,随机取样决定碎石化后挖坑检查的位置。

2 在选择试验地点,选一块约100cm×100cm的表面,挖除表面6cm的碎块,平铺在搪瓷盘内,用钢直尺量测碎块的粒径,以最大长度方向和最大厚度方向的尺寸最大值作为该碎块的粒径,挑选并称取粒径大于7.5cm(多锤头碎石化)或大于5cm(共振碎石化)碎块的质量m_1,表面6cm所有碎块质量M_1,准确至1g。

3 根据破碎程度,选择镐、铲、凿子等适当的工具,继续开挖表面6cm以下的材料,直至层位底面,用毛刷清扫坑底,确认为下一层的顶面。将所有材料平铺在搪瓷盘内,用钢直尺量测碎块的粒径,以最大长度方向和最大厚度方向的尺寸最大值作为该碎块的粒径,挑选并称取粒径大于37.5cm(多锤头碎石化)或大于31.5cm(共振碎石化)碎块的质量m_2,表面6cm以下所有碎块质量M_2,准确至1g。

4 挖坑结束后,用级配碎石等材料填补坑洞,宜比原碎石层略高出少许,用重锤或压路机压实平整。

B.0.4 计算。

按式(B.0.4)计算粒径大小合格率。

$$Q_d = \frac{M_1 - m_1}{M_1} \times 100\% \quad \text{(B.0.4-1)}$$

$$Q_x = \frac{M_2 - m_2}{M_2} \times 100\% \quad \text{(B.0.4-2)}$$

式中:Q_d——顶面最大粒径合格率;

Q_x——下部最大粒径合格率;

M_1——表面6cm所有碎块质量;

m_1——粒径大于7.5cm(多锤头碎石化)或大于5cm(共振碎石化)碎块的质量;

M_2——表面6cm以下所有碎块质量;

m_2——粒径大于37.5cm(多锤头碎石化)或大于31.5cm(共振碎石化)碎块的质量。

用 词 说 明

1 本指南执行严格程度的用词,采用下列写法:
1) 表示严格,在正常情况下均应这样做的用词,正面词采用"应",反面词采用"不应"或"不得"。
2) 表示允许稍有选择,在条件许可时首先应这样做的用词,正面词采用"宜",反面词采用"不宜"。
3) 表示有选择,在一定条件下可以这样做的用词,采用"可"。
2 引用标准的用语采用下列写法:
1) 在标准条文及其他规定中,当引用的标准为国家标准或行业标准时,应表述为"应符合《××××××》(×××)的有关规定"。
2) 当引用标准中的其他规定时,应表述为"应符合指南第×章的有关规定""应符合本指南第×.×节的有关规定""应按本指南第×.×.×条的有关规定执行"。

团 体 标 准

公路水泥混凝土路面碎石化技术指南

条 文 说 明

目 次

1 总则 ·· 15
3 调查与评价 ·· 16
　3.2 资料收集与路况调查 ·· 16
　3.3 碎石化适宜性评价 ·· 16
4 施工 ·· 18
　4.1 一般规定 ·· 18
　4.2 施工准备 ·· 18
　4.3 试验段 ··· 20
　4.4 碎石化作业 ··· 22
　4.5 封层施工 ·· 22
5 施工质量控制 ··· 23

1 总则

1.0.1 碎石化技术是通过专用设备将水泥混凝土路面一次性破碎为承载能力高、反射裂缝控制效果好的一定颗粒尺寸的咬合嵌挤柔性结构层,且充分利用旧路残余强度和材料。该技术起源于 20 世纪后期的美国,分为多锤头碎石化技术和共振碎石化技术。多锤头碎石化是依靠重锤自由下落的冲击力实现板块破碎,其特点是冲击力大,板块破碎粒径小,剩余强度较低;共振碎石化破碎粒径自上而下由小到大,上层粒径相对较小,呈现相对松散状态,起到释放应力的作用,下层破碎层呈斜向嵌锁状态,破裂角在 30°～60°范围,裂而不散,强度较高。

2002 年,多锤头碎石化技术首次在国内引进,多年来在高速公路、国省干线公路水泥混凝土路面改建工程中推广应用,取得了良好效果;2004 年,国内引进共振碎石化技术,成功应用于上海地区的沪青平公路、沈砖公路及金山大道的水泥混凝土路面改建工程中,并迅速在全国范围内推广应用。至今,两种碎石化技术在国内均有近 20 年的应用历史。2008 年交通运输部编写了《水泥混凝土路面再生利用结构设计与施工工艺指南》,随后 2009 年山东省发布了山东省地方标准《旧水泥混凝土路面碎石化技术规程》(DB37/T 1160—2009),两本指南或规程仅规定了多锤头碎石化。2014 年交通运输部发布了《公路水泥混凝土路面再生利用技术细则》(JTG/T F31)(以下简称"部颁再生细则"),对两种碎石化关键技术利用做了相应规定,为碎石化技术在国内的应用起到规范和指导作用。随后各地也相继发布了相应的地方标准,其中包括 2014 年上海地方标准《旧水泥混凝土路面共振碎石化技术规程》(DB31/T 828—2014)、2015 年陕西省地方标准《旧水泥混凝土路面共振碎石化技术规范》(DB61/T 983—2015)、2016 年江苏省地方标准《旧水泥混凝土路面碎石化施工技术规范》(DB32/T 2883—2016)、2017 年四川省地方标准《旧水泥混凝土路面共振碎石化施工技术规范》(DB51/T 2430—2017)。随着碎石化技术的进步尤其是设备的更新,部颁再生细则部分规定需要进行完善;通过总结相关科研成果,地方标准及大量工程实践经验,形成本指南,为后期修编再生细则积累经验。

3 调查与评价

3.2 资料收集与路况调查

3.2.2 路况调查应包括下列内容：

3 路基施工段的CBR代表值按下式计算：

$$\overline{\mathrm{CBR}} = \sum_{i=1}^{n} \frac{\mathrm{CBR}_i}{n}$$

$$S = \sqrt{\frac{\sum_{1}^{n}(\mathrm{CBR}_i - \overline{\mathrm{CBR}})^2}{n-1}}$$

$$\mathrm{CBR} = \overline{\mathrm{CBR}} - Z_a S \tag{3-1}$$

式中：n——测点数；

CBR_i——各测点的CBR值(%)；

Z_a——保证率系数，高速、一级公路取1.645，二级及以下公路取1.282；

S——标准差；

$\overline{\mathrm{CBR}}$——所有测点的CBR的平均值(%)；

CBR——施工段落的CBR的代表值(%)。

4 通过实测水泥混凝土路面的厚度及劈裂强度，为4.4.2中第4款提供施工依据。

3.3 碎石化适宜性评价

3.3.1 路面破损状况评价中PCI指标采用现行《公路技术状况评定标准》(JTG 5210)中相关规定，DBL指标按现行《公路水泥混凝土路面养护技术规范》(JTJ 073.1)中相关规定执行，因现行《公路技术状况评定标准》(JTG 5210)中PCL(此标准不含DBL指标)与养护技术规范中DBL相对接近，而现行《公路水泥混凝土路面养护技术规范》(JTJ 073.1)中PCL与其他指标相关性较差。极端工况下不同指标计算结果见表3-1。

表3-1 极端工况下不同指标计算结果

工 况	PCI(养护规范)		PCI(评定标准)		DBL(养护规范)	
	评分	评价等级	评分	评价等级	评分	评价等级
100%的板块为严重断板	56.74	中	10.92	差	150	差
50%的板块为严重断板	78.37	良	35.29	差	75	差
25%的板块为严重断板	89.19	优	52.99	差	38	差

在水泥混凝土路面改造工程中，应充分利用旧水泥混凝土路面强度和材料，当水泥混凝土路面破损状况评定等级为次、差时，宜采用碎石化技术，在特殊情况下(如为了增加道路行驶的舒适性等其他需求)，评定等级为中及以上时，通过论证后也可采用碎石化技术。

根据对国内外文献的调研资料显示，当对旧水泥混凝土路面进行碎石化施工时，路基的CBR值应大于5%，但随着碎石化技术应用的增多，当CBR值大于5%时，有些路段仍会存在强度不足等情况，在江苏省交通科学研究院研究的《旧水泥混凝土路面碎石化工艺成套技术研究》课题中提出当对公路水泥混凝土路面进行碎石化时,路基的CBR值应达到8%。两个指标均没有考虑公路等级,因此本次指南结合现行《公路路基设计规范》(JTG D30),根据公路等级对路基CBR值提出要求。

当CBR值不满足要求时,如需采用碎石化技术,应对路段进行特殊设计,特殊设计指为使特殊路段为满足强度要求而进行的设计工作,对特殊路段的换填深度、换填材料以及压实度要求做出具体规定。

3.3.2 周边环境及安全性评价

1 《建筑施工场界环境噪声排放标准》(GB 12523—2011)中规定建筑施工过程中场界环境噪声不得超过表3-2的排放限值。

表3-2 建筑施工场界环境噪声排放限值

昼间[dB(A)]	夜间[dB(A)]
70	55

采用碎石化设备施工时,噪声已超过规定限值,只有当施工场地距离居民区一定距离时方能满足噪声影响的要求。根据江苏省交通科学研究院研究的《旧水泥混凝土路面碎石化工艺成套技术研究》课题结果,对昼间施工,当采用多锤头设备和共振设备时施工场地距城镇或居住地至少为69.16m、126.83m;对夜间施工,当采用多锤头设备和共振设备时距离至少为113.00m、187.12m。随着施工现场环境的差异、设备的差异,距离也会相应变化,因此在试验段应检测噪声影响下的控制距离。根据《中华人民共和国环境噪声污染防治法》,"昼间"是指6:00至22:00之间的时段,"夜间"是指22:00至次日6:00之间的时段,县级以上人民政府为环境噪声污染防治的需要(如考虑时差、作息习惯差异等)而对昼间、夜间的划分另有规定的,应按其规定执行。

4 施工

4.1 一般规定

碎石化施工工艺分为多锤头碎石化施工工艺和共振碎石化施工工艺,具体施工工艺流程见图4-1。

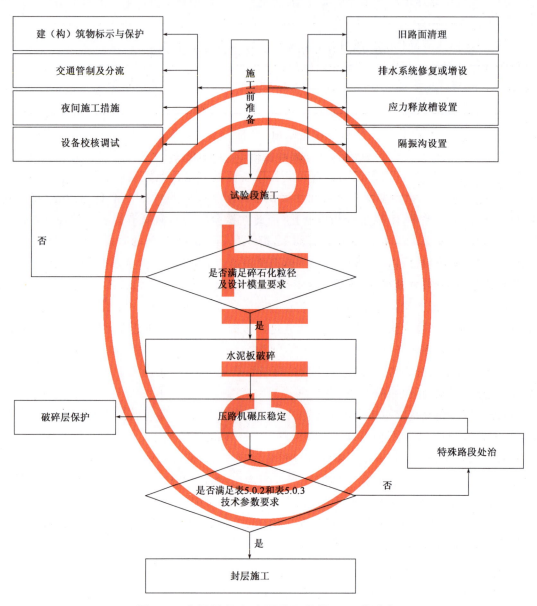

图 4-1 水泥混凝土路面碎石化施工工艺流程

4.2 施工准备

4.2.1 第2款:对多锤头破碎机或共振破碎机进行调试校核。
其中碎石化设备分为多锤头破碎机和共振破碎机。

1　多锤头破碎机主要技术参数见表4-1。多锤头破碎机一般为自行式,携带多对重锤呈两排分布,每对重锤由单独的液压系统控制,能够以相同的行进速度和不同的提升高度、频率对路面进行冲击破碎。重锤下落时可产生1 383kN·m~11 060kN·m的冲击能量。

表4-1　多锤头破碎机主要技术参数

设备参数	要求	设备参数	要求
锤重范围(kg)	700~1 100	最大破碎宽度(cm)	≥375
最大落锤高度(cm)	≥150	工作速度(m/h)	50~120

2　一般与多锤头破碎机配套使用的是Z形单钢轮振动压路机,通过在钢轮上附设的Z形条纹,对破碎后路面进行补充破碎与压实;Z形压路机的自重不宜小于12t,Z形钢箍的间距宜为7cm±1cm,高度宜为2.5cm~3cm,宽度不宜小于1cm。

3　共振破碎机设备主要技术参数见表4-2。一般与共振破碎机配套使用的是单钢轮振动压路机,且自重不应小于12t。

表4-2　共振破碎机主要技术参数

设备参数	要求	设备参数	要求
发动机功率(kW)	400~600	振动频率(Hz)	42~70
振幅(mm)	10~20	工作效率(m²/d)	2 000~4 000

4　目前共振破碎机设备主要有两种。一种是共振梁式,其破碎机械在工作底盘后部装有一个悬臂的巨型锻造合金钢梁,发动机功率400kW~500kW,总重达27.2t~31.8t,锤宽15cm~25cm。破碎机械是将能量通过矩形钢梁传递给锤头,在偏心轴力的驱动下产生42Hz~46Hz频率的振动谐波,其振动能量传递到水泥混凝土板,引起板的共振并迅速破碎开裂。另一种是全浮动式,在不降低振幅的工况下,将额定工作频率提升到44Hz~70Hz,对水泥混凝土路面进行共振破碎。振动梁式共振机不能破碎到路肩边缘或中央分隔带边缘,振动对周边环境影响较小;全浮动式共振机,可破碎到路肩边缘或中央分隔带边缘,振动对周边环境影响略大。

5　多锤头碎石化是依靠重锤自由下落的冲击力实现板块破碎,其特点是冲击力大,板块破碎粒径小,剩余强度较低,与级配碎石相当;锤头冲击力对基层承载力会造成一定损伤;由于冲击力大、振动频率低,振动传播远,对临近建筑和地下管线有较明显影响。共振碎石化破碎粒径自上而下由小到大,粒径主要分布在3cm~15cm范围内。上层0~8cm范围内,粒径相对较小,一般在5cm以下,呈现相对松散状态,类似于级配碎石,起到释放应力的作用;下层粒径集中在5cm~15cm的块状粒料,呈斜向嵌锁状态,破裂角在30°~60°范围,裂而不散,强度较高。共振破碎机属于低幅高频振动,可以较好地保证基层的完整,对临近建筑和地下管线影响较小。

4.2.1　第4款:检查原有排水系统,必要时增设临时排水设施。

1　碎石化路面后期是否出现病害与排水系统质量有很大关系,因此在碎石化施工前,应对水泥混凝土路面原有排水设施进行检查与评估,若原有排水设施较为完善,可仅对原有排水设施进行疏通或修复,否则应重新设置排水设施。

2　排水设置可采用纵向盲沟和横向盲沟相结合的方式。渗入路面结构内的水,先竖向渗入破碎后的破碎层,然后横向流入设在路面边缘或路肩下的纵向盲沟和集水管,再由横向排水管引出路基。纵向盲沟应设置于旧路面板边缘下,底面深度宜为旧路面板底面以下15cm~20cm,宽度不宜小于20cm,高度不宜小于30cm。横向盲沟的设置间距应根据路线纵坡坡度调整,设置间距在10m~40m。盲沟底部宜设置反滤织物包裹的多孔PVC管,管径不宜小于10cm。碎石层顶面应设置反滤织物。盲沟回填宜采用粒径在 19mm～37.5mm 范围内的单级配石料,填充高度不宜小于 25cm,剩余部分可采用砂土等透水性材料回填;排水设置也可采用在路肩一侧铺设一层单粒径碎石,让其与已破碎的路面部分可渗水的碎石层相连,直接将水排出路面结构外,路肩外侧可设置干砌砖体墙,而不需要设置集水沟、排水管。路肩一侧排水示意图见图 4-2。

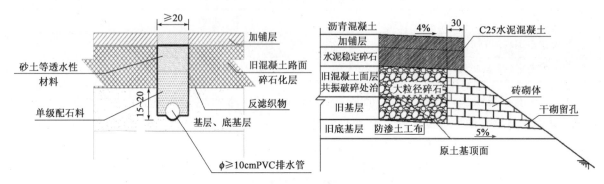

图 4-2　路肩一侧排水示意图(尺寸单位:cm)

3　排水设施应在碎石化施工前 2 周～4 周内设置好,设置后应保证排水顺畅。排水设计其他要求可参考现行《公路排水设计规范》(JTG/T D33)。

4.3　试验段

4.3.2　试验段参数验证

1　多锤头试破碎过程中应按表 4-1 中主要技术参数,安排不同的落锤高度、间距和行车速度在不同区间完成设备调试,直至破碎后路表面呈现均匀的鳞片状。随机选取 1 个～2 个 1.0m 长、1.0m 宽、水泥板厚的试坑,在全深度范围内检查碎石化后的颗粒并与表 5.0.2 粒径范围要求对比,粒径合适时记录设备参数,试坑检查完后,应采用密级配粒料回填并压实。多锤头碎石化效果如图 4-3 所示。

图 4-3　多锤头碎石化效果示意图

2　共振试破碎过程中应按表 4-2 中的主要技术参数,采用不同的振动频率和振幅分区域对试验路段进行共振碎石化施工,破碎后在试验段内随机选取 1 个～2 个 1.0m 长、1.0m 宽、水泥板厚的试坑,在全深度范围内检查碎石化后的颗粒是否满足表 5.0.3 的规定。若试坑深度达不到水泥板厚,采取取芯方式检测破碎情况,观察破碎层是否满足表 5.0.3 的裂缝贯穿要求。如不满足,应增加试验区调整设备控制参数,直至满足要求。试坑检查完后,应采用密级配粒料回填并压实,并对每个区域采用的施工参数进行记录。共振碎石化效果如图 4-4 所示。

图 4-4 共振碎石化效果示意图

4.3.3 顶面当量回弹模量测试要求及参数作用

1 顶面当量回弹模量以现场承载板法为准。

2 根据施工中的实际情况，由于采用承载板测试当量回弹模量速度慢、效率低，可考虑采用其他快速测试设备与方法，如落锤式弯沉仪 FWD 和贝克曼梁方法。山东地方标准提到可在试验段中增加测试数量，将 FWD 测试数据与顶面当量回弹模量建立回归关系式，在大范围施工时，利用回归关系式直接换算顶面当量回弹模量。陕西地方标准提到采用贝克曼梁现场实测回弹弯沉值，先对回弹弯沉值强度均匀性进行判断，满足要求后计算路段的代表弯沉值，再按照一定的换算公式计算碎石化顶面综合回弹模量。

3 碎石化施工完成并按本指南第 5 章检查验收后，应采用碎石化后顶面回弹模量的实测数据，按现行《公路水泥混凝土路面再生利用技术细则》(JTG/T F31)计算每个施工段落代表值。

4 试验段确定的当量回弹模量代表值不仅是优化设计阶段的设计参数，还是检验验收的主要指标。

5 测得的顶面回弹模量满足表 4-3 的要求时，可直接加铺沥青面层，其加铺厚度可根据现行《公路沥青路面设计规范》(JTG D50)计算。对高速公路、一二级公路不同的交通等级，推荐加铺厚度范围见表 4-3。

表 4-3 碎石化后加铺层总厚度范围推荐

交 通 等 级	加铺厚度范围(cm)	可直接加铺沥青层的顶面回弹模量
轻交通/中等交通	不低于 15	不低于 100MPa
重交通	不低于 20~22	不低于 150MPa
极重、特重交通	≥22	不低于 200MPa

6 当碎石化后顶面回弹模量低于表 4-3 直接加铺沥青层的要求时，宜将水泥混凝土破碎层作为加铺层底基层，在其上加铺半刚性基层或柔性基层，其典型加铺结构图如图 4-5 所示。

沥青混凝土加铺层		沥青混凝土加铺层
半刚性基层加铺层		柔性基层加铺层
水泥混凝土破碎层		水泥混凝土破碎层
旧路半刚性基层		旧路半刚性基层
土基		土基

图 4-5 典型路面加铺结构

4.4 碎石化作业

4.4.1 在共振破碎施工中,共振设备本身应利用自带的洒水和吸尘装置降低扬尘。

4.4.2 破碎施工要求。

1 多锤头碎石化破碎时,应有重复破碎搭接面,搭接宽度不应小于10cm;共振破碎时,当相邻车道已沿纵缝切割时,亦可由中间向两边破碎。每一条锤头破碎宽度宜为0.2m,下一条破碎区域应间隔第一条破碎区域20mm~40mm,破碎一个车道(3.75m)宜控制在15条~17条。共振破碎一条车道,实际破碎宽度应超出一条车道,与相邻车道搭接部分的破碎宽度不应少于150mm。

2 现行《公路水泥混凝土路面再生利用技术细则》(JTG/T F31)中提到共振碎石化时,"当距路面两侧边缘50cm~75cm破碎时,应将锤头与路边缘调成30°~50°的夹角进行边缘破碎",由于现阶段全浮动式共振机不需要调整锤头即可边缘破碎,因此本次指南制定时未提及。

3 根据工程实践,当共振碎石化机械破碎到距离路缘石、浆砌边沟等附属设施边缘30cm~50cm时,其混凝土已被碎石化,为了保护附属设施不被破坏,不再继续破碎,否则会破坏边沟等砌体。因此,本指南规定"对于路面边缘有附属设施、挡墙以及边坡路段,混凝土板块边缘50cm~80cm范围,不宜采用共振破碎机直接破碎,必要时采用预裂方式破碎"。预裂可采用风镐进行破碎,使得边缘破碎裂缝贯通,碎块松动,形成边缘预裂效果。

4 工程实践经验表明,当实测旧水泥板劈裂强度按照规范转化为水泥混凝土抗弯拉强度超过6.5MPa时,认为水泥板强度过高;当实测旧水泥板厚超过28cm时,认为水泥板过厚。

5 对于表面出现粒径过大的路段,一般认为没达到碎石化的效果,本指南规定粒径不宜超过20cm。美国沥青学会将碎石化定义为"一种将波特兰水泥混凝土路面破碎成为小碎块的加工过程"。这些碎块的粒径范围从砂粒的尺寸到20cm左右的尺寸。另外在部分文献显示,旧板破碎尺寸直接关系到加铺层结构和实际防反效果,认为碎石化最佳破碎区域粒径范围为8cm~20cm。目前部分地标规定为5cm或10cm较为严格。本指南规定表面最大粒径不宜超过20cm。

4.4.3 如果破碎层表面有钢筋外露,钢筋埋深较浅且条件允许,应移除整片钢筋,否则应将外露部分剪除至与破碎层顶面齐平,破碎层中的钢筋可保留在原处。

4.4.4 对特殊或碾压不到的部位主要针对路面边缘、加宽段及港湾式停车带等压路机难以碾压的部位,宜采用自重1t~2t的小型振动压路机作补充碾压。

为加强碾压效果,宜在第一次和第三次碾压之前洒水。四川省地方标准还规定碾压碎石化层应有一定的含水率,一般为4%~8%。

4.5 封层施工

4.5.1~4.5.3 在直接加铺沥青混凝土时,为使表面较松散的粒径有一定的结合力,建议使用改性乳化沥青封层,乳化沥青用量控制在2.0kg/m²~3.5kg/m²,表面再适量撒布3mm~5mm后进行钢轮压路机碾压,集料用量以不黏轮为标准。碎石化后表层的粒径较小,封层起到了稳固和防水的双重功效。四川省地方标准规定破碎层表面也可做热沥青碎石封层。因此,本指南建议宜采用乳化沥青封层。在增设半刚性基层时,在摊铺水泥稳定材料之前,建议对碎石化表面喷洒少量的水,以湿润混凝土表面,减少因失水造成的水泥稳定材料干燥、松散,保证基层成型完好。

4.5.4 实践表明,碎石化碾压完成并进行封层施工后,适当的通车有利于稳定破碎路面,比压路机的效果更好,所以本指南未禁止社会车辆的通行。

5 施工质量控制

5.0.1 碎石化层碾压后表面凹陷深度不应超过2cm。超过2cm时,应按照第4.4.5条的要求进行调平和补强。

5.0.2 现行《公路水泥混凝土路面再生利用技术细则》(JTG/T F31)对多锤头碎石化质量检验标准中检测内容为中部最大粒径,对中部的概念不够明确;本指南规定下部,即顶面(表面6cm)以下部分,也是考虑到在试坑过程中无法明确上部和下部,而且有些碎块刚好介于上部和下部间,如何检测判断是个问题,因此为了问题简化,直接检测顶面层以下部分粒径。合格率为重量合格率,试验方法见本指南附录B。

5.0.3 现行《公路水泥混凝土路面再生利用技术细则》(JTG/T F31)对共振碎石化质量检验标准中检测内容为上部最大粒径和下部最大粒径,对上部和下部的概念不够明确;本指南规定下部,即顶面(表面6cm)以下部分。由于共振碎石化不同于多锤头碎石化,下部呈斜向嵌锁状态,破裂角在30°～60°范围,裂而不散,因此本次结合各地方标准增加共振碎石化下部裂缝贯穿测试,采用取芯观察法。